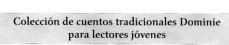
Colección de cuentos tradicionales Dominie
para lectores jóvenes

Tres deseos

Contado por Alan Trussell-Cullen

Ilustrado por Mario Capaldi

◔ Dominie Press, Inc.

Había una vez un campesino empobrecido. Vivía
con su esposa en un pedazo de terreno muy pequeño.
Trabajaban duro todo el día, pero nunca tenían
suficiente dinero. Su esposa siempre se quejaba
de ser tan pobre, pero las cosas no cambiaban.

Cierto día, el campesino andaba por el camino cuando
escuchó una voz.

—¡Socorro! ¡Ayúdame por favor!

El campesino miró por todas partes pero no vio a nadie.

—¡Socorro! ¡Ayúdame! ¡Estoy aquí abajo!
—decía la voz.

El campesino empobrecido miró hacia
abajo. Se sorprendió al ver una diminuta
carroza dorada. Era del tamaño de una
calabaza. Un caballito del tamaño de un
ratoncito la halaba.

En la carroza había una persona diminuta.
Era del tamaño del dedo pulgar del campesino.

—Mi carroza se desvió del camino y quedó atascada
en el lodo —dijo ella—. ¿Me puedes ayudar?

—Claro que sí —dijo el campesino.
Se agachó y con un suave empujón
la carroza quedó libre.

—Gracias —dijo la diminuta persona—.
De recompensa, te daré tres deseos. Puedes
pedir lo que quieras. Pero piénsalo bien.
Recuerda que sólo tienes tres deseos —dijo ella.
Luego le dijo adiós con la mano, y la carroza
desapareció por el camino.

7

El campesino empobrecido no podía creer
su fortuna. En vez de trabajar en el campo,
se fue corriendo a la casa a contarle a su esposa.

Al verlo entrar, ella se sorprendió mucho.
—¿Por qué no estás trabajando en el campo?
—le preguntó enojada—. Apenas tenemos
suficiente dinero para comer.

—Pero querida —dijo el campesino—. ¡Somos ricos!
Nunca más tendremos que preocuparnos por el dinero.

Y le contó lo que había sucedido con la diminuta persona
y los tres deseos concedidos. Pero su esposa no le creyó.

—¿Una persona tan pequeña como tu dedo pulgar?
—dijo ella riendo—. Creo que te has golpeado la cabeza
en un tronco. ¡O tal vez estés soñando!

—¡Es cierto! —dijo el campesino.

Pero su esposa sólo meneó la cabeza. —Deberías
estar trabajando en el campo —dijo ella—. Apenas
tenemos suficiente comida para la cena. Sólo tenemos
un pedazo de pan añejo en la alacena.

El campesino miró el pedazo de pan añejo y suspiró.
—Deseara tener una salchicha grande y fresca para
comer con este pan añejo —dijo él.

De repente, una salchicha grande y fresca apareció en el plato. El campesino y su esposa se quedaron asombrados.

—¡Te dije que era verdad lo que decía de los tres deseos! —dijo él.

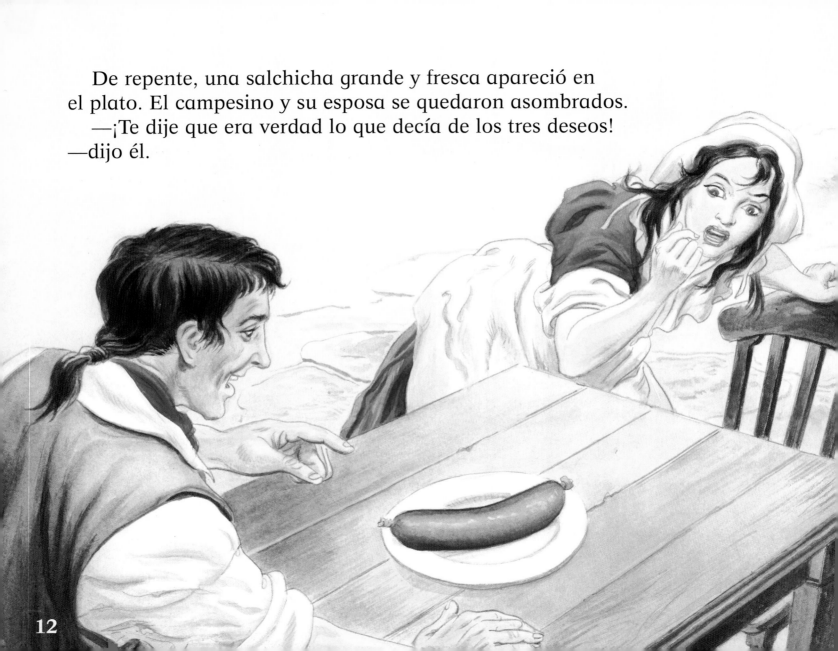

—Está bien —dijo su esposa—. ¡Pero ahora has malgastado un deseo! ¡Eres un hombre muy tonto! ¡Deseara que tuvieras esta salchicha de nariz! —dijo ella.

De repente, la nariz del campesino se transformó en una salchicha.

—¡Ay, no! —dijo el campesino—. Mira lo que has hecho. ¿Cómo voy a quitarme esta salchicha?

Halaron y tiraron de la salchicha tratando de arrancarla, pero la salchicha no se despegaba.

—Hay sólo una solución —dijo su esposa—. Tendremos que usar el último deseo.

—¡Deseo que la salchicha desaparezca! —dijo el campesino.

La salchicha desapareció de inmediato.

—¡Qué tonto eres! —dijo la esposa—. Por lo menos hubieras deseado que la salchicha cayera al plato. Ahora no tenemos nada. ¡Ni una salchicha!

Así es que el campesino empobrecido y su esposa quedaron igual de pobres, nada cambió.

Director General: Raymond Yuen
Editor Ejecutivo: Carlos A. Byfield
Diseñador: Greg DiGenti
Ilustrador: Mario Capaldi

Publicado por:

🔁 Dominie Press, Inc.

1949 Kellogg Avenue
Carlsbad, California 92008 EE.UU.

Cubierta de cartón ISBN 0-7685-1246-8
Libro encuadernado ISBN 0-7685-1519-X
Impreso en Singapur por PH Productions Pte Ltd

1 2 3 4 5 6 PH 04 03 02